Duden

Wortschatztraining

Wörter nachschlagen und verstehen in der Grundschule

Erarbeitet von Kristina Spall

Duden Schulbuchverlag
Berlin, Mannheim

Fachbegriffe

Verb oder Tuwort oder Tunwort
Nomen oder Namenwort oder Substantiv
Adjektiv oder Wiewort
Artikel oder Begleiter
Einzahl oder Singular
Mehrzahl oder Plural

Illustrationen von
Anja Rieger

1. Auflage
1 5 4 3 2 1 | 2013 2012 2011 2010 2009
Alle Drucke dieser Auflage können im Unterricht nebeneinander benutzt werden.
Die letzte Zahl bezeichnet das Jahr dieses Druckes.

Internet: www.duden.de

Redaktion: Dr. Andrea Klein
Herstellung: Tina Vogel
Satz und Reproduktion: fotosatz griesheim GmbH
Layout und Umschlaggestaltung: tiff.any, Berlin
unter Verwendung einer Illustration von Anja Rieger
Druck- und Bindearbeiten: Himmer AG, Augsburg

ISBN 978-3-8355-8024-4

Das Wörterbuch kennenlernen

Die fett gedruckten Wörter heißen Stichwörter.
Sie sind nach dem Abc geordnet.

Die Wörter ganz oben helfen dir, dein gesuchtes Wort schnell zu finden. Man nennt sie Kopfwörter.
Auf einer linken Seite steht das erste Wort, auf einer rechten Seite steht das letzte Wort.

Am Seitenrand ist eine Griffleiste mit allen Buchstaben des Abc. Damit kannst du schnell dein gesuchtes Wort finden.

Ausstellung

digung: *Er hat eine Ausrede erfunden.*

aus|rei|chen: genügen

aus|ru|hen (sich): sich entspannen: *Am Nachmittag ruht er sich von der Arbeit aus.*

Aus|rüs|tung, die (die Ausrüstungen): Ausstattung (Kleidung, Geräte) für bestimmte Tätigkeiten: *Kletterausrüstung*

aus|schla|fen (sie schläft aus, er schlief aus, sie hat ausgeschlafen): **1.** lange schlafen: *Sonntags schlafen wir aus.* **2.** (sich): *Du musst dich endlich einmal ausschlafen.*

Aus|schlag, der (die Ausschläge): rote Flecken auf der Haut: *einen Ausschlag bekommen*

aus|se|hen (sie sieht aus, er sah aus, sie hat ausgesehen): ähneln: *Charly sieht aus wie ein Superstar.*

au|ßen: auf der äußeren Seite; nicht innen: *Wir haben das Schloss nur von außen angesehen. Wir sind nicht reingegangen.*

au|ßer|dem: auch; darüber hinaus: *Es ist kalt und außerdem regnet es.*

aus|stei|gen (sie steigt aus, er stieg aus, sie ist ausgestiegen): aus einem Fahrzeug steigen

Aus|stel|lung, die (die Ausstellungen): Veranstaltung, in der Kunstwer-

A B C D E F G H I J K L M N O P Q R S T U V W X Y Z

45

Ist das Stichwort ein Verb, dann steht es meist in der Grundform.

Zu jedem Stichwort kannst du die richtige Silbentrennung nachschlagen.
Der kleine | zeigt dir an, wo du das Wort trennen kannst.

In manchen Wörterbüchern steht noch dabei, was das Wort bedeutet oder wie man es verwendet. Manche Wörter haben mehr als eine Bedeutung.

Ist das Stichwort ein Nomen, dann steht es meist in der Einzahl, danach folgt die Mehrzahl.

Ist das Stichwort ein Nomen, dann steht der passende Artikel dabei.

Inhaltsverzeichnis

Zum Trainieren

Zum Spielen und Basteln

Zum Testen

 Diese Aufgaben sind etwas kniffliger.

 Seite zum Spielen und Basteln. Vieles kannst du gemeinsam mit anderen Kindern machen.

 Hier kannst du mit einem oder mehreren Kindern zusammenarbeiten oder gemeinsam spielen.

 Hier sollst du etwas ausschneiden.

Das Abc kennen

1 Hier siehst du die Abc-Schatztruhe mit dem ganzen Abc.

a) Schau dir die Bilder an. Was fällt dir auf?
b) Lerne das Abc in der richtigen Reihenfolge auswendig.
c) Sage das Abc auf. Ein Partner soll dich dabei kontrollieren.
d) Du kannst das Abc-Bild ausmalen.

2 Male die Buchstaben in der richtigen Farbe an.

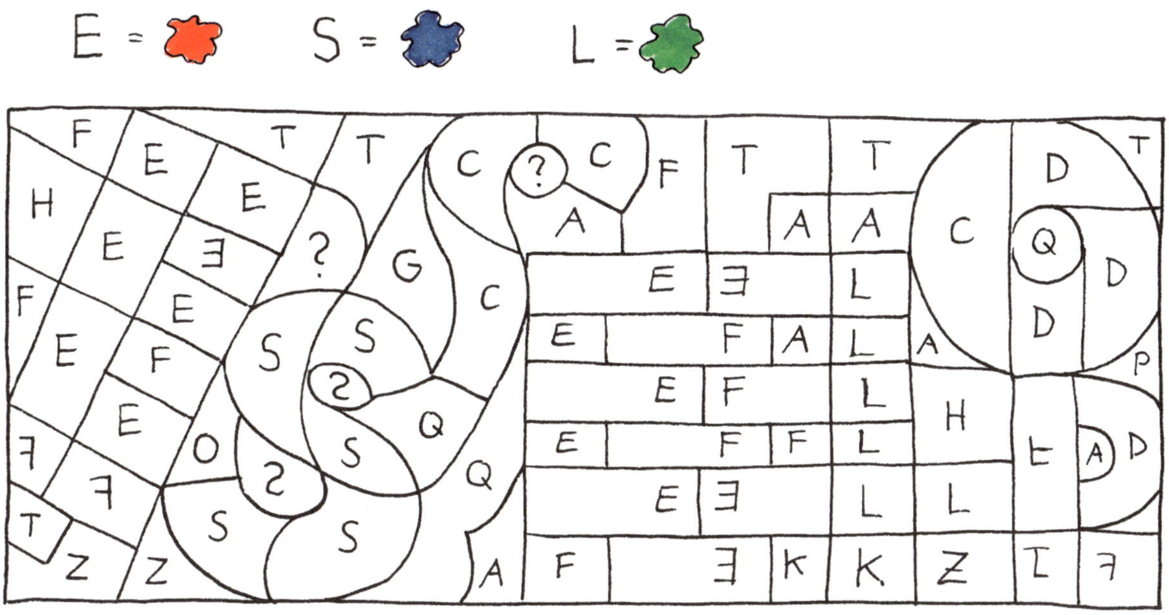

3 Verbinde die Buchstaben in der Reihenfolge des Abc.
Du darfst die Figuren danach ausmalen.

Das Abc kennen

4 Welcher Buchstabe kommt danach? Trage richtig ein.

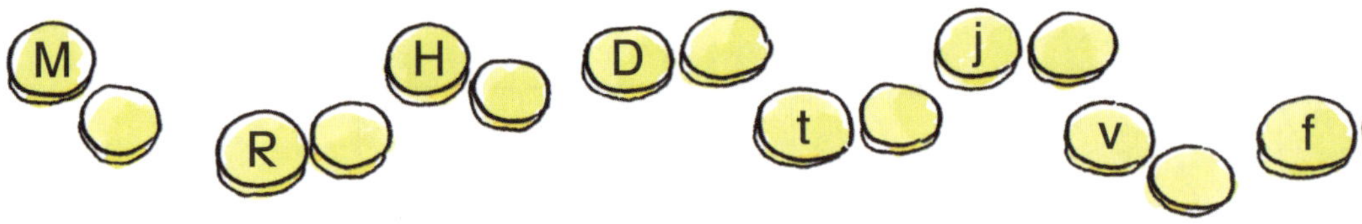

5 Welcher Buchstabe kommt davor? Trage richtig ein.

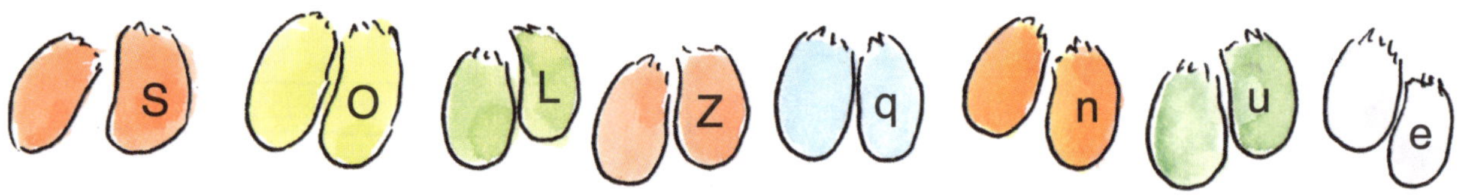

6 Welche Buchstaben fehlen? Trage richtig ein.

7 Welche Buchstaben fehlen, damit die Abc-Schatztruhe wieder vollständig ist? Schreibe die fehlenden Buchstaben auf die leeren Goldtaler.

8 Hier kannst du eine Schatztruhe mit Abc-Wörtern gestalten.

Das Abc kennen

9 Du kannst die Buchstaben des Abc auf vielerlei Arten gestalten.

a) Lege die Buchstaben mit Streichhölzchen oder kleinen Stöckchen.
b) Gestalte die Buchstaben aus Knetmasse.
c) Zeichne die Buchstaben auf dünnen Karton und schneide sie aus.
Du kannst die Buchstaben ausgestalten und als Wandkette aufhängen.
d) Schreibe je einen Buchstaben des Abc groß auf ein Blatt Papier. Sammle nun Bilder und Wörter zu Gegenständen, die mit diesem Buchstaben beginnen, und klebe sie auf das Blatt.

e) Übt die Handzeichen und versucht, euch mit ihrer Hilfe zu verständigen.

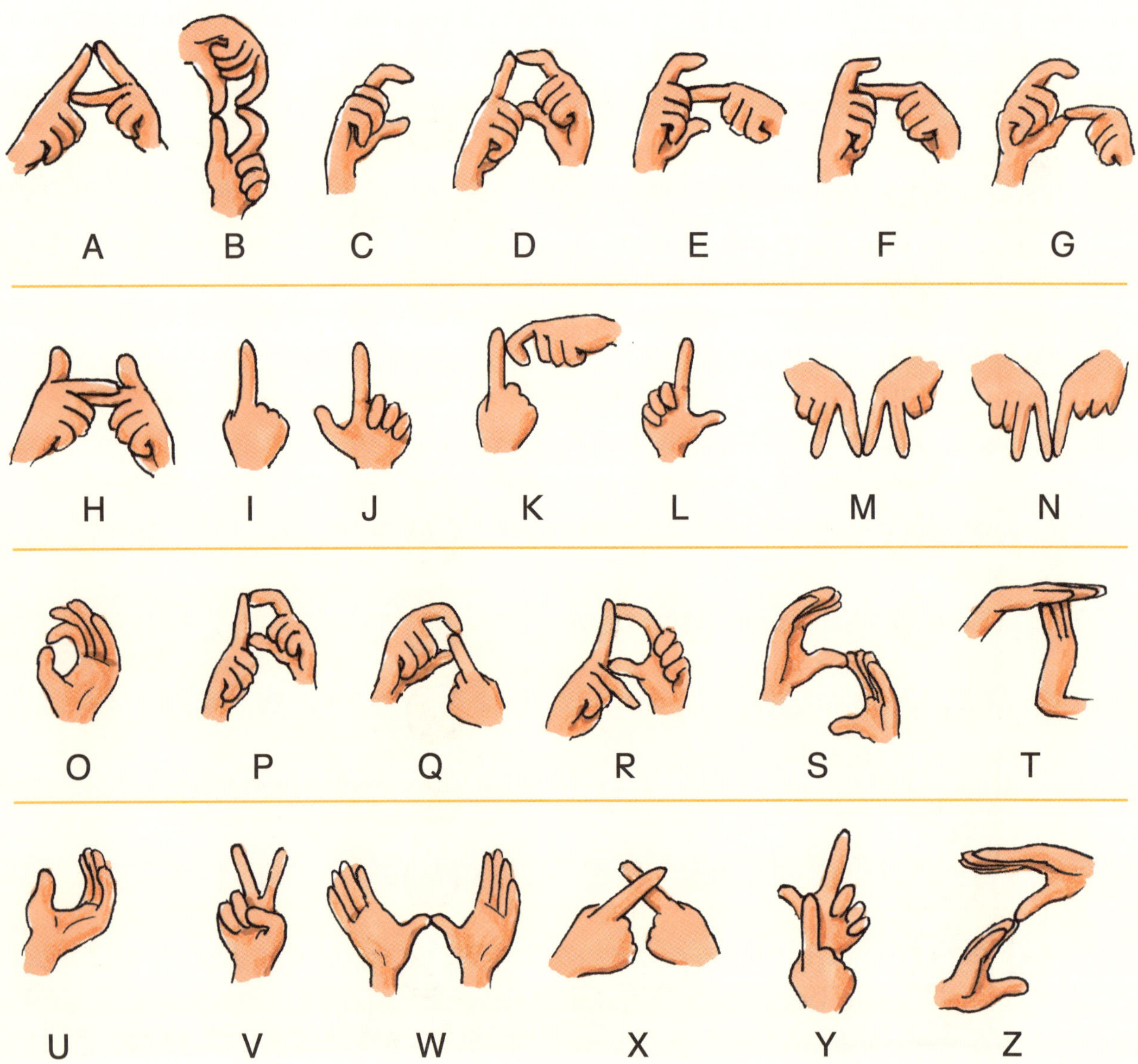

10 Auf Seite 51 findest du das Abc noch einmal.

a) Schneide die Kärtchen aus.

b) Lege die Kärtchen verdeckt auf den Tisch. Ziehe ein Kärtchen. Kennst du ein Wort, das mit diesem Buchstaben beginnt?
Vielleicht schaffst du es sogar, einen kleinen Satz zu finden, in dem möglichst viele Wörter mit dem gezogenen Buchstaben beginnen.
Du kannst auch mit einem Partner spielen.

c) Lege die Kärtchen verdeckt auf den Tisch. Ziehe immer zwei Kärtchen. Welcher Buchstabe kommt zuerst im Abc?
Du kannst auch mit einem Partner spielen.

d) Lege die Kärtchen verdeckt auf den Tisch. Ziehe ein Kärtchen. Wie heißt der Vorgänger und wie der Nachfolger im Abc. Du kannst auch mit einem Partner spielen.
Ziehe ein Kärtchen nach dem anderen. Versuche, alle Kärtchen in die Reihenfolge des Abc zu bringen. Als Hilfe und Kontrolle kannst du die Abc-Schatztruhe auf Seite 6 nutzen.

e) Hebe die Kärtchen in einer kleinen Schatzkiste auf. Du kannst sie für viele Spiele benutzen. Vielleicht fällt dir selbst ein kleines Spiel mit den Kärtchen ein.

Das Abc kennen

11 Spielt Abc-Domino.

a) Auf Seite 53 findest du ein Abc-Domino. Schneide die Kärtchen aus.

b) Ihr könnt zu zweit oder zu dritt spielen. Jeder Mitspieler bekommt vier Karten. Die restlichen Karten werden verdeckt in die Mitte gelegt. Eine Karte liegt offen auf dem Tisch. Nun versucht jeder, reihum seine Karten anzulegen. Wer keine passende Karte hat, zieht sich eine Karte vom Stapel. Wer zuerst alle Karten angelegt hat, hat gewonnen.

12 Spielt „Wir sehen etwas, was du nicht siehst“:
Ein Kind verlässt den Raum. Die anderen vereinbaren einen sichtbaren Gegenstand im Zimmer. Das Kind wird hereingerufen und aufgefordert, den Gegenstand zu nennen. Als Hilfe wird ihm der erste Buchstabe genannt oder auf einem Abc-Kärtchen gezeigt.

13 Hier könnt ihr eine Abc-Wörterkette bilden.

Ein Kind sagt ein Wort. Das nächste Kind muss mit dem letzten Buchstaben des genannten Wortes ein neues Wort bilden.

14 Geheimschrift!

A	B	C	D	E	F	G	H	I	J	K	L	M
1	2	3	4	5	6	7	8	9	10	11	12	13

N	O	P	Q	R	S	T	U	V	W	X	Y	Z
14	15	16	17	18	19	20	21	22	23	24	25	26

a) Versuche die seltsame Nachricht zu entziffern.

1 3 8 20 21 14 7! 1 2 3-19 3 8 1 20 26 20 18 21 8 5

____

7 5 19 20 15 8 12 5 14! 23 5 18 8 1 20 5 20 23 1 19

____

7 5 19 5 8 5 14?

____

b) Was wurde hier versteckt? Finde zuerst zu jeder Zahl den richtigen Buchstaben und trage ihn ein. Gesucht werden sechs Schatzwörter.

	11	5	20	20	5			
	18	9	14	7				
7	15	12	4	20	1	12	5	18
	14		16	5	18	12	5	14
	5		19	9	12	2	5	18

Wörter ordnen

Heute treffen sich viele Kinder zu einem großen Sportfest. Jede Mannschaft muss sich nach dem Abc geordnet aufstellen.

1 Die Kinder der grünen Mannschaft rätseln, in welcher Reihenfolge sie sich aufstellen müssen.

a) Kreuze an, welcher Name zuerst im Abc steht.

b) Nummeriere die Kindergruppen.

2 Die Kinder der blauen Mannschaft kommen aus den Umkleidekabinen. Einige haben sich schon aufgestellt. Andere müssen ihren Platz noch finden.

a) Zeichne ein, wo sich die Mädchen in die Reihe stellen müssen.

b) Zeichne ein, wo sich die Jungen in die Reihe stellen müssen.

Wörter ordnen

3 Die Kinder der roten Mannschaft sind schon da.

a) Schreibe die Mädchennamen und die Jungennamen getrennt auf.

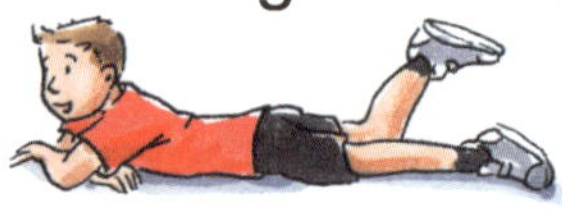

b) Schreibe nun die Mädchennamen und die Jungennamen jeweils nach dem Abc geordnet auf.

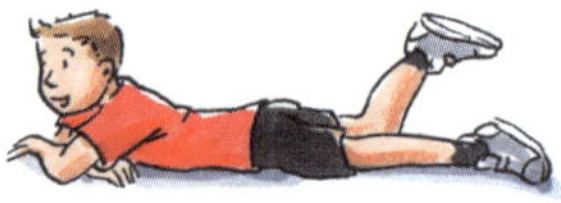

c) Wie müsste die Liste aussehen, wenn sich Mädchen und Jungen gemischt nach dem Abc geordnet aufstellen?

4 Bildet in eurer Klasse eine Jungengruppe und eine Mädchengruppe.

a) Die Gruppen stellen sich nach dem Abc geordnet auf.

b) Nun kann jeweils einer aus der Klasse die Namen nach dem Abc geordnet aufschreiben. Überprüft die Liste anschließend.

Wörter ordnen

5 Nach dem Sportfest gehen die Kinder in den Zoo. Sie bekommen dort einen Zooplan geschenkt. Am Rand stehen die Namen der Tiere nach dem Abc geordnet. Kannst du die Namen der umkreisten Tiere richtig in die Liste der Tiere einordnen?

Wörter ordnen

6 Die Kinder haben sich beim Zoobesuch einige Tiernamen auf Kärtchen geschrieben. Die Kärtchen mit den Tiernamen findest du auf Seite 55.

a) Schneide die Kärtchen aus. Schreibe auf die freien Kärtchen deine Lieblingstiere aus dem Zooplan auf Seite 18.

b) Wie könntest du die Tiere ordnen? Versuche verschiedene Stapel zu legen.

c) Wähle fünf Kärtchen aus. Ordne die Tiernamen nach dem Abc. Wiederhole diese Übung mehrmals.

d) Ordne nun alle Tiernamenkärtchen nach dem Abc. Lass überprüfen, ob deine Reihenfolge stimmt.

e) Schreibe nun die Tiernamen nach dem Abc geordnet in die Liste.

Wörter ordnen

7 Auch im Wörterbuch sind die Stichwörter nach dem Abc geordnet. Kreuze das Wort an, das zuerst im Wörterbuch steht.

Beispiel: ○ Zoo ⊗ Tier

○ Feder	○ Gras	○ lesen	○ schmal
○ hoch	○ Rüssel	○ Ohr	○ krank

8 In welcher Reihenfolge stehen diese Wörter im Wörterbuch?

a) Nummeriere richtig.

Beispiel: ② Hund ③ ziehen ① fressen

○ verbessern	○ Tee	○ Ei	○ Esel
○ Quark	○ dort	○ baden	○ voll
○ Katze	○ Sonntag	○ schlau	○ bauen

b) Hier musst du auch auf den zweiten und dritten Buchstaben achten. Nummeriere richtig.

○ blau	○ baden	○ brennen	○ backen
○ Radio	○ Ring	○ Rabe	○ rufen
○ trinken	○ Tomate	○ Tisch	○ toll

c) Hier kommt es sogar auf den vierten und fünften Buchstaben an. Nummeriere richtig.

○ schlecht	○ Schloss	○ schlimm	○ Schale
○ Verband	○ verabreden	○ verlieren	○ Verbot

9 Tiere, Pflanzen, Essen …

Dieses Spiel kannst du allein, mit einem Partnerkind oder in einer kleinen Gruppe spielen. Ein Buchstabe aus dem Abc wird ausgewählt. Jetzt müssen alle so schnell wie möglich die Tabelle ausfüllen.
Wer zuerst alle Spalten ausgefüllt hat, ruft „stopp“. Alle hören auf zu schreiben. Die Antworten werden gemeinsam verglichen und überprüft. Für jede richtige Antwort gibt es einen Punkt. Der nächste Buchstabe wird ausgewählt, eine neue Runde beginnt …

Buchstabe	Tier	Pflanze	Essen	Name	Land	Punkte
B	Bär	Brennnessel	Birne	Birgit	Belgien	5

Du kannst dir auch eine eigene Tabelle auf einem Blatt machen. Natürlich kannst du auch noch andere Suchbegriffe aufnehmen.

Zum Beispiel: *Getränke, Länder, Städte …*

Wörter nachschlagen

1 Steht das Wort am Anfang, in der Mitte oder am Ende des Wörterbuchs? Kreuze richtig an.

Beispiel: 

	A–I	J–R	S–Z
	X		

	A–I	J–R	S–Z

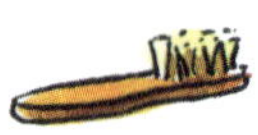			

2 Suche in deinem Wörterbuch jeweils das erste Wort mit D, K, M, T.

D ______________________ M ______________________

K ______________________ T ______________________

3 In vielen Wörterbüchern sind in den Stichwortlisten die ersten beiden Buchstaben hervorgehoben.

a) Unter welchen Buchstaben findest du folgende Wörter?
Beispiel: **Pinguin** finde ich bei **pi**.

Computer finde ich bei ______.

Tasse finde ich bei ______.

warm finde ich bei ______.

Thema finde ich bei ______.

A B C **D** E F G H I J K L M N O P Q R S T

Dol|lar ⊖, der (die Dollars): *In Amerika bezahlt man mit Dollars.*
Do|mi|no, das (die Dominos): Legespiel
Domp|teur ⊕ [10], der (die Dompteure): jemand, der Tiere dressiert

Don|ner ⊖, der (die Donner): lautes Geräusch, das bei Gewitter entsteht
Don|ners|tag ⊕, der (die Donnerstage): Wochentag

Dorf, das (die Dörfer): kleiner Ort: *in einem Dorf wohnen*
Dorn [2], der (die Dornen): Stachel an Pflanzen: *Die Rosen haben Dornen.*
dort: nicht hier
Do|se, die (die Dosen): kleiner Behälter mit Deckel: *eine Dose Ananas*

dr
Dra|che [1], der (die Drachen): Ungeheuer, das meist Feuer speit

b) Welche Wörter findest du unter **ma**? Schlage im Wörterbuch nach und schreibe mindestens fünf Wörter auf.

____

____

4 Die Kopfzeile im Wörterbuch gibt das erste und das letzte Wort auf einer Doppelseite an. In manchen Wörterbüchern stehen statt Kopfwörtern nur einige Kopfbuchstaben.

a) Hier haben sich falsche Wörter eingeschlichen. Streiche sie durch.

3 F

fit	Flut
fit	pflegen
fix	Flocke, die
~~Papier~~, das	Fluss, der
flach	flüssig
flechten	toben
Fleck, der	Flut, die

3 F

sagen	sauer
sagen	Banane, die
Sahne, die	Sand, der
Schuh, der	Zoo, der
Salz, das	satt
salzig	sauer
sammeln	Spitze, die

b) Schreibe die Wörter auf die richtige Wörterbuchseite. Gib acht! Zwei Wörter passen nicht.

rechnen – reiben	Preis – Programm	erzählen – Euro
rechts		

Erbse – erinnern	Experte – Farbe	Wolf – würfeln

rechts	König	Prinzessin	wühlen
bauen	erfinden	Eule	Fahne

Wörter nachschlagen

5 Übe, Wörter richtig aus dem Wörterbuch abzuschreiben.

a) Wenn du dein gesuchtes Wort im Wörterbuch gefunden hast, kennzeichne es mit einem Haftstreifen.
Klebe den Haftstreifen an dein gefundenes Stichwort. So kannst du es schnell wiederfinden und sicher abschreiben. Probiere es aus.

b) Schreibe fünf Wörter, die du selbst aus dem Wörterbuch aussuchst, mithilfe des Streifens ab.

____

____

____

____

____

6 Schreibe heraus, welches Stichwort in deinem Wörterbuch jeweils davor und danach steht.

Beispiel: oft ohne Ohr

_______________ links _______________

_______________ Garten _______________

_______________ staubig _______________

_______________ Buch _______________

7 Schlage in deinem Wörterbuch nach und schreibe die Lösungen in Großbuchstaben jeweils in die Kästchen.

Damit schreibt man:				S					
Darin liest man:					H				
Dahinein schreibt man:						F			
Darauf sitzt man:					H				
Damit zieht man gerade Linien:								A	
Darauf schreibt man mit Kreide:			F						

8 Suche in deinem Wörterbuch die Wörter zu den Bildern. Notiere die Seitenzahl.

Beispiel:  Mappe Seite 129

 ______________ Seite ____

 ______________ Seite ____

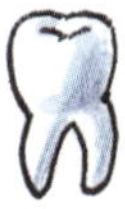 ______________ Seite ____

 ______________ Seite ____

 ______________ Seite ____

9 Suche mindestens fünf Wörter aus dem Wörterbuch, die mit dem Thema *Kleidung* zu tun haben, und schreibe sie hier auf.

____

____

Wörter nachschlagen

10 Einige Wörter sind falsch geschrieben. Schlage die Wörter nach und verbessere sie, wenn nötig. Schreibe die Seitenzahlen dazu.

Stichwort	Seite	richtig	falsch	Verbesserung
kleihn	115		X	klein
Pfert, das				
Schaukel, die				
parcken				
dünn				

11 Hier haben sich einige Fehler eingeschlichen.

a) Schlage die durchgestrichenen Wörter im Wörterbuch nach und schreibe sie richtig darüber.

Familie

In unserer ~~Famielie~~ machen alle gerne ~~Spord~~.

Meine ~~grose~~ Schwester ~~turrnt~~.

Mein Bruder ~~spilt~~ gern ~~fußball~~.

Mein Opa fährt ~~jed~~ Woche mit dem ~~Fahrad~~ in den Park.

b) Findest du hier die Fehler selbst?

Und was machst du gärn? I

Malst oder basthelst du? I

Gehst du häufig in den Zo oder ins Schwimbad? II

Oder lernst du vieleicht ein Instrument? I

12 Ein Spieler wählt einen Buchstaben aus dem Abc aus. Wer kann nun am schnellsten im Wörterbuch eine Seite aufschlagen, auf der die Wörter mit dem ausgewählten Buchstaben beginnen?
Reihum darf jeder Mitspieler eine Aufgabe stellen.

F f

13 Wer findet in den Stichwortlisten zuerst ein Wort zum Thema *Essen*?
Das Gleiche könnt ihr auch zu Themen wie *Tiere, Pflanzen, Berufe, Schule, Hobbys* … machen.
Wer zuerst die Aufgabe erfüllt hat, darf die nächste bestimmen.

14 Spielt das Abc-Schatzwegspiel.

a) Auf Seite 57 findest du das Abc-Schatzwegspiel. Schneide es aus und klebe es auf einen dünnen Karton.

b) Auf Seite 59 findest du die Aufgabenkärtchen zu diesem Spiel. Schneide sie aus und lege sie verdeckt auf einen Stapel.

c) Nun braucht ihr so viele Spielsteine, wie ihr Mitspieler seid, und einen Würfel.

Die Spieler würfeln reihum und rücken jeweils so viele Felder vor, wie der Würfel Augen anzeigt. Die Zeichen und Buchstaben auf dem Weg bedeuten folgendes:

 Einmal aussetzen.

 Zurück zum letzten Buchstabenfeld.

 Vor bis zum nächsten Buchstabenfeld.

Eine Karte vom Stapel wird gezogen und vorgelesen.
Kann der Spieler die Aufgabe lösen, darf er weitermachen.
Wird die Aufgabe nicht erfüllt, muss er eine Runde aussetzen.

Wer zuerst beim Schatz ist, hat gewonnen.

Besonderheiten beim Nachschlagen

In keinem Wörterbuch sind alle Wörter verzeichnet. Wie kannst du trotzdem herausfinden, wie die Wörter richtig geschrieben werden?

1 Schreibe das Wort in der Einzahl auf. Suche es im Wörterbuch und notiere die Seitenzahl.

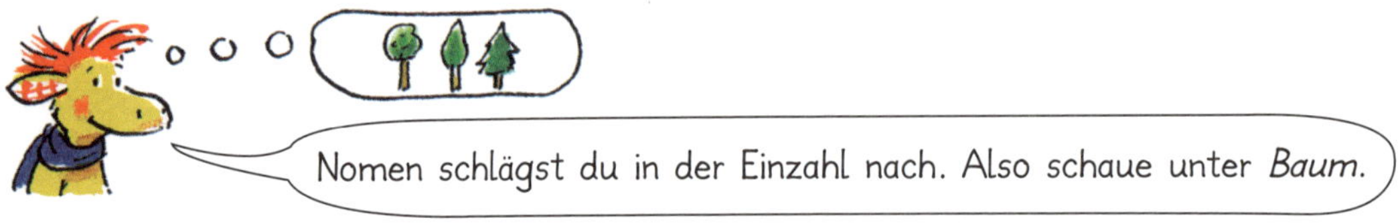

Beispiel:

 Ich schaue unter Vogel ______________. Seite: _____

 Ich schaue unter ______________. Seite: _____

 Ich schaue unter ______________. Seite: _____

 Ich schaue unter ______________. Seite: _____

 Ich schaue unter ______________. Seite: _____

2 Überprüfe, ob folgende Adjektive im Wörterbuch stehen. Falls nicht, suche sie in der Grundstufe.

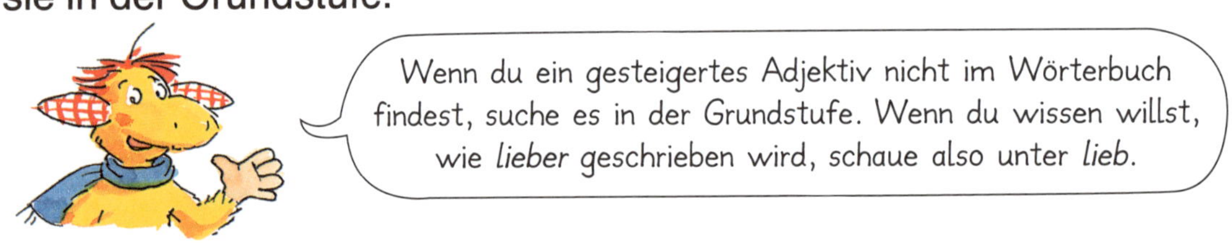

das gesteigerte Adjektiv	finde ich	die Grundstufe heißt	Seite
schneller	☐ ja ☒ nein	schnell	173
mehr	☐ ja ☐ nein		
am höchsten	☐ ja ☐ nein		
größer	☐ ja ☐ nein		
viel	☐ ja ☐ nein		
am besten	☐ ja ☐ nein		
weniger	☐ ja ☐ nein		

3 Übe, die Grundformen der Verben zu finden.

a) Wie heißen die Grundformen? Verbinde richtig.

b) Schlage nun die Grundformen im Wörterbuch nach und schreibe die Seitenzahlen in die Klammern.

Er fängt	schwimmen (Seite ____)
Du greifst	dürfen (Seite ____)
Er schwimmt	sprechen (Seite ____)
Sie spricht	fangen (Seite ____)
Ihr trinkt	greifen (Seite 96)
Du isst	trinken (Seite ____)
Er darf	essen (Seite ____)

c) Unten findest du weitere Verben und ihre Formen. Umkreise die zusammengehörigen Verbformen jeweils mit derselben Farbe.

d) Schlage nun die Grundformen im Wörterbuch nach und schreibe die Seitenzahlen in die Klammern.

hat gelegen

ist gelaufen

brachte

nehmen (Seite ____)

hat gesungen

rennen (Seite ____)

laufen (Seite ____)

lief

nahm

sang

hat gebracht

hat genommen

fuhr

liegen (Seite ____)

ist gefahren

lag

fahren (Seite ____)

ist gerannt

rannte

singen (Seite ____)

bringen (Seite ____)

Besonderheiten beim Nachschlagen

4 Zerlege die Wörter in ihre Bausteine. Schlage die einzelnen Bausteine nach und trage die Seitenzahlen ein.

Beispiel:

Obst	salat
S.	S.

stock	sauer
S.	S.

Eis	würfel
S.	S.

Ski	urlaub
S.	S.

hunde	müde
S.	S.

himmel	blau
S.	S.

Abend	sonne
S.	S.

Fuß	ball	schuhe
S.	S.	S.

bären	stark
S.	S.

5 Überprüfe, ob das zusammengesetzte Verb im Wörterbuch steht. Falls nicht, suche das Grundwort.

das gesuchte Wort	finde ich auf Seite	finde ich nicht	ich schlage nach	auf Seite
aufhören	41			
durchkriechen		X	kriechen	
begrüßen				
verdienen				
zuhören				
festbinden				
einholen				

6 Ergänze *sp/Sp* oder *st/St* und kontrolliere mithilfe deines Wörterbuches.

Beispiel: S t ein	Stein	Seite ___
_ _ ort	___________	Seite ___
_ _ ucken	___________	Seite ___
_ _ art	___________	Seite ___
_ _ azieren	___________	Seite ___

7 *f/F*, *v/V* oder *w/W*? Schlage die Wörter zu den Bildern in deinem Wörterbuch nach. Schreibe alle Wörter mit *v* in den Vogel.

8 *c/C* oder *k/K*? Umkreise das richtig geschriebene Wort. Überprüfe deine Entscheidung mithilfe des Wörterbuchs.

Catze	**oder**	Katze?	Computer	**oder**	Komputer?
Clown	**oder**	Klown?	Cohle	**oder**	Kohle?
Cino	**oder**	Kino?	Chor	**oder**	Khor?
clug	**oder**	klug?	clever	**oder**	klever?

Besonderheiten beim Nachschlagen

9 Wie heißt der richtige Artikel: *der*, *die* oder *das*?

a) Schreibe die Begriffe zu den Bildchen in die richtige Spalte und kontrolliere mithilfe des Wörterbuchs.

der	die	das
Füller		

b) Schreibe die Wörter mithilfe deines Wörterbuchs in der Mehrzahl auf. Setze den Artikel dazu. Was fällt dir auf?

die Füller, ____________________

____

c) Hier hat ein Zauberer alle Artikel verschwinden lassen. Schreibe die richtigen Artikel zu den Wörtern und überprüfe mithilfe deines Wörterbuchs.

_____ Kind   _____ Puppe   _____ Natur

_____ Obst   _____ Begin   _____ Birne

_____ Kopf   _____ Flugzeug   _____ Mädchen

10 An welchen Stellen kannst du diese Wörter trennen? Schaue im Wörterbuch nach und trage die Trennstriche ein.

Garten	Sonne	hüpfen	laufen
regnen	fröhlich	Apfel	spielen

Besonderheiten beim Nachschlagen

11 Ein Spieler liest aus dem Wörterbuch ein Nomen in der Einzahl vor. Der Partner muss die richtige Mehrzahl finden. Nach fünf Wörtern wird getauscht.

12 Ein Spieler liest aus dem Wörterbuch ein Nomen vor. Der Partner muss nun den richtigen Artikel nennen. Nach fünf Wörtern wird getauscht.

13 Könnt ihr eine Wörterschlange aus zusammengesetzten Nomen bilden?

Zum Beispiel: *Hochbett – Bettdecke – Deckenlampe – Lampen…*

Ihr könnt das Spiel zusammen spielen. Dann muss jeder reihum das nächste zusammengesetzte Nomen finden. Wenn du alleine spielst, kannst du die Wörterschlange auf ein Blatt schreiben.

Folgende Wörter eignen sich auch: *Eisbär, Hochhaus, Autoschlüssel …*

14 Ein Nomen wird vorgegeben, zum Beispiel *Wasser*. Schreibt das Wort in die Mitte eines Blattes und versucht nun, innerhalb einer bestimmten Zeit so viele zusammengesetzte Nomen zu Wasser zu finden wie möglich.

Folgende Wörter eignen sich auch: *Spiel, Eis, Haus …*

15 Wie heißt der erste Buchstabe?

Lest euch gegenseitig Stichwörter aus dem Wörterbuch vor. Der Partner muss sagen, unter welchem Buchstaben das jeweilige Wort zu finden ist. Also „Birne" bei „B". Aber Achtung: Es gibt auch Wörter, bei denen das nicht so einfach zu beantworten ist. Zum Beispiel bei *Vater* oder *Creme*.

Bildtafeln

1 Schau dir die Bildtafel *Garten und Natur* genau an.

a) Sprich in der Klasse oder mit einem Partnerkind darüber, was es auf dem Bild zu entdecken gibt.

b) Trage nun die Nummern der rot unterstrichenen Begriffe an der richtigen Stelle im Bild ein.

c) Lies die Wörterliste am Seitenrand durch. Gibt es ein Wort, das du nicht verstehst? Versuche die Bedeutung mithilfe der Abbildung auf der Bildtafel zu verstehen oder schlage das Wort in deinem Bedeutungswörterbuch nach.

d) Fallen dir noch mehr Wörter zum Thema *Garten und Natur* ein? Schreibe sie auf und kontrolliere die Rechtschreibung mithilfe deines Wörterbuchs.

2 Schau dir die Bildtafel *Essen und Trinken* genau an.

a) Sprich in der Klasse oder mit einem Partnerkind darüber, was es auf dem Bild zu entdecken gibt.

b) Suche die Nummern der fehlenden Wörter auf dem Bild. Trage die fehlenden Wörter in die Lücken ein.

c) Kontrolliere die Rechtschreibung deiner eingetragenen Wörter mithilfe deines Wörterbuchs.

d) Welche Wörter zum Thema *Essen und Trinken* gibt es noch? Schreibe sie auf und kontrolliere die Rechtschreibung mithilfe deines Wörterbuchs.

____

____

____

____

____

3 a) Schau dir die Bildtafel *Familie* genau an.

b) Wie sieht deine Familie aus? Trage die Namen deiner Familienmitglieder richtig ein.

Großeltern: ______________________

____

Mutter: ______________ Vater: ______________

Bruder: ______________ Schwester: ______________

______________ ______________

Cousins: ______________________

Cousinen: ______________________

4 Welche Berufe sind hier dargestellt?

a) Schreibe die Berufsbezeichnungen neben die Bilder.

b) Kontrolliere die Rechtschreibung mithilfe deines Wörterbuchs.

Ärztin

Bildtafeln

5 Schau dir die Bildtafel *Kleidung* genau an.

a) Was ist hier gemeint? Trage die Antwort mit der richtigen Nummer aus der Wörterliste ein.

b) Kontrolliere die Rechtschreibung mithilfe der Bildtafel.

Das trägt man nachts im Bett: S c h l a f a n z u g (32)

Damit schließt und öffnet man den Anorak:

☐☐☐☐☐☐☐☐☐☐☐☐☐ ( )

Eine bequeme Hose, meist blau: ☐☐☐☐☐ ( )

Das trägt man auf dem Kopf: 1. ☐☐☐ ( )

2. ☐☐☐☐☐ ( )

Kleidungsstück für den Oberkörper mit kurzen Ärmeln:

☐-☐☐☐☐☐ ( )

Damit wärmt man den Hals: ☐☐☐☐☐ ( )

Eine Fußbekleidung, die manchmal fast bis zum Knie reicht:

☐☐☐☐☐☐☐ ( )

7 Gestaltet selbst Bildtafeln in eurer Klasse.

a) Sucht euch ein Thema aus, das sich zur Gestaltung einer Bildtafel eignet, zum Beispiel *Zoo, Berufe, Haus, Körper, Jahreszeiten*.

b) Schreibt das Thema als Überschrift auf ein Plakat. Sammelt nun Bilder aus Zeitungen und Zeitschriften. Schneidet sie aus und klebt sie auf das Plakat.

c) Schreibt anschließend die Namen der abgebildeten Gegenstände in eine Liste an der Seite und kontrolliert die Rechtschreibung der Wörter mithilfe des Wörterbuchs.

d) Nummeriert die Wörterliste nach dem Abc und schreibt zu den Gegenständen im Bild die entsprechenden Nummern.

8 Wählt eine der Bildtafeln von Seite 34 bis 38 in *Lexis erstem Wörterbuch* aus. Schaut euch das Bild und die Wörterliste eine Minute konzentriert an und versucht, euch so viele Wörter wie möglich einzuprägen. Schreibt anschließend alle Wörter auf, die euch noch einfallen. Wer hat sich die meisten Wörter gemerkt?

9 Wählt eine der Bildtafeln von Seite 34 bis 38 in *Lexis erstem Wörterbuch* aus. Ein Partnerkind sucht sich einen Begriff aus der Bildtafel aus und umschreibt diesen, ohne den Begriff selbst zu nennen. Wer zuerst den umschriebenen Begriff errät, darf die nächste Aufgabe stellen.

Wortfamilien

1 Male die Felder in der richtigen Farbe an.

Wörter der Wortfamilie *graben* = rot

Wörter der Wortfamilie *suchen* = gelb

Wörter der Wortfamilie *finden* = blau

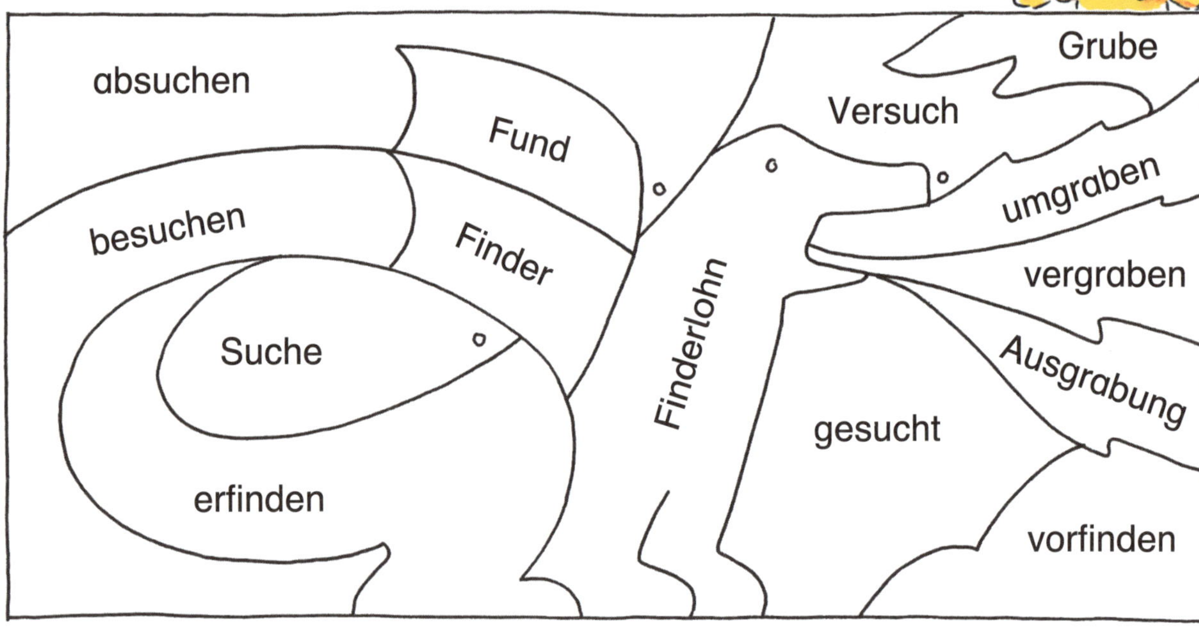

2 Welches Wort gehört nicht zur Wortfamilie? Streiche das Wort durch, das nicht in die Reihe gehört.

Beispiel:	abfliegen	Flugzeug	fliegen	~~flattern~~	Flieger
	singen	Gesang	Sänger	Säge	vorsingen
	Spielplatz	spielen	sparen	verspielt	spielerisch
	Waschbär	trocken	Wäsche	abwaschen	Waschmittel
	herzlich	herzensgut	lieb	Herz	Herzklopfen
	Lesebuch	verlesen	las	Leseratte	ablaufen

3 Erstelle Wörterbäume.

a) Kreise bei den Wörtern im unteren Kasten alle Wortstämme blau ein.

b) Male die Wörter mit dem gleichen Wortstamm jeweils mit derselben Farbe an.

c) Ordne alle Wörter dem richtigen Baumstamm zu. Schreibe die Wörter in die entsprechenden Blätter.

d) Finde ein weiteres Wort zu jedem Baumstamm. Schreibe es auf das freie Blatt des jeweiligen Baumes.

vergangen · Gang · fahren · laufend · lief · gehen · ging · umgefahren · Laufschuh · laufen · Gehweg · anfahren · Ausgang · Läufer · weggehen · Fahrrad · Fähre · fuhr

Wortfamilien

4 Aus Wortbausteinen Wörter bilden.

a) Bilde aus den Wortbausteinen sinnvolle Wörter und schreibe sie auf.

b) Schlage in deinem Wörterbuch nach. Welche Wörter findest du darin?

c) Bei den Wörtern, die du in deinem Wörterbuch gefunden hast, kannst du die Seitenzahl dazu schreiben.

vorschreiben, ______________________________

____

____

5 Bilde mit den Wortbausteinen sinnvolle Verben.

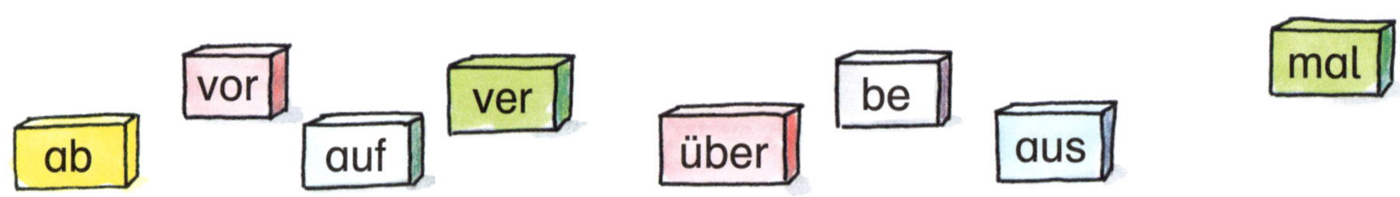

____

____

____

6 Welches Verb passt?

a) Trage das passende Verb ein.

Beispiel:

Der Zug wird in einer Minute ankommen.	bekommen ankommen
Tom will beim Fußball ______.	zuschauen abschauen
Im Herbst werden die Blätter ______.	umfallen abfallen
Hänsel und Gretel haben sich ______.	verlaufen ablaufen
Die Kinder dürfen das Gedicht ______.	auslesen ablesen

b) Bilde zu zwei der übrig gebliebenen Verben selbst kleine Sätze.

7 Wie viele sinnvolle Verben mit *ver* findest du in drei Minuten?

a) Das Gleiche kannst du auch mit den Wortbausteinen *ab, an, aus, be, er, ent, hin, los* oder *vor* spielen.

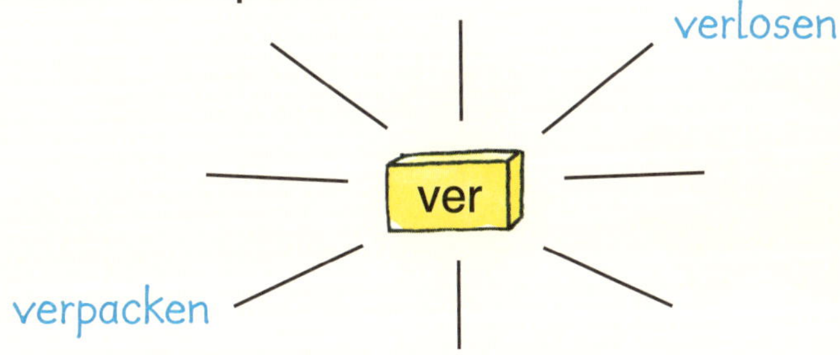

b) Wenn du mit einem Partner spielst, kannst du es als kleines Wettspiel gestalten. Wer findet mehr Verben?

8 Spiele mit dem Wortfamilienkreisel.

a) Schneide den Wortfamilienkreisel auf Seite 55 aus und klebe ihn auf einen dünnen Karton. Stecke in der Mitte des Kreisels einen Stift durch die Scheibe.

b) Nun kannst du die Scheibe wie einen Kreisel drehen.

c) Lies das Wort, auf dem die Scheibe liegen geblieben ist. Wie viele verwandte Wörter kannst du zu dem Wort finden?

Wortbedeutungen

1 Was bedeuten diese Wörter? Lies jeweils die beiden Erklärungen durch und kreuze die richtige an.

Giraffe, die
- ◯ Krug; Gefäß für Flüssigkeiten
- ◯ Tier mit außerordentlich langem Hals

herrlich
- ◯ männlich
- ◯ sehr schön; sehr gut

Mitleid
- ◯ starke Anteilnahme an der Not anderer
- ◯ Tageszeit

verfassen
- ◯ verhaften
- ◯ sich einen Text überlegen und ihn schriftlich ausarbeiten

2 Was bedeuten diese Wörter? Schreibe eine Erklärung oder ein Beispiel auf.

Zorn, der: ______________________________

Nest, das: ______________________________

trampeln: ______________________________

lecker: ______________________________

heimlich: ______________________________

3 Verbinde die Bilder mit den richtigen Wörtern.

Cowboy | Baguette | Spaghetti | Tourist | T-Shirt | Jeans

4 a) Versuche, ein passendes deutsches Wort zu finden. Du kannst dein Wörterbuch zu Hilfe nehmen.

Toilette: ____________________ trainieren: ____________________

Shampoo: ____________________ kontrollieren: ____________________

Puzzle: ____________________ Cornflakes: ____________________

b) Setze das richtige Wort ein.

joggen	Thermometer	Computer	Puzzle

Maria hat Fieber. Mutter holt das ____________________.

Meine kleine Schwester setzt gern ____________________ zusammen.

Mein Vater ____________________ fast jeden Morgen im Wald.

Viele Menschen haben an ihrem Arbeitsplatz einen ____________________.

Wortbedeutungen

5 Manche Wörter haben mehrere Bedeutungen.

a) Schreibe die passenden Wörter zu den Bildern.

b) Was ist hier gemeint?

Darin wohnen Königsfamilien.

Mit einem Schlüssel kann man es auf- und zuschließen

c) Das Wort *sieben* gibt es zweimal. Schreibe jeweils eine Erklärung oder ein Beispiel auf.

sieben: ______________________

sieben: ______________________

Schreibe jeweils das passende verwandte Nomen dazu.

6 Richtig oder falsch? Finde die richtige Wortbedeutung.

Ein Spieler sucht sich ein Wort aus dem Wörterbuch aus und erklärt, was es bedeutet. Dabei darf er auch flunkern. Der Spielpartner muss nun erraten, ob die Worterklärung richtig oder falsch ist. Wenn ihr ein Wörterbuch mit Bedeutungserklärungen habt, könnt ihr anschließend daraus die richtige Wortbedeutung vorlesen.

7 Spielt Teekesselchen.

Überlege dir zusammen mit einem Partnerkind ein Wort, das zwei verschiedene Bedeutungen hat. Jeder erklärt nun eine der Wortbedeutungen, ohne das Wort zu nennen. Ihr müsst euer Wort so lange erklären und umschreiben, bis das Rateteam das Wort erraten hat.

8 Spielt mit Teekesselwörtern das Memo-Spiel.

a) Schneide die Seite 61 aus und klebe sie auf dünnen Karton. Schneide nun die einzelnen Kärtchen aus.

b) Immer drei der Kärtchen gehören zusammen.

Bank

Die Kärtchen werden verdeckt auf dem Tisch verteilt. Nun darf jeder Mitspieler dreimal ziehen. Wer die zueinander passenden Kärtchen aufgedeckt hat, darf sie behalten.

Üben mit der Wortschatzkartei

Für Wörter, die du dir merken möchtest, kannst du dir eine Kartei anlegen. Dazu brauchst du einen kleinen Kasten (Schuhkarton) und Karteikarten.

1 So legst du eine Wortschatzkartei an:
Lege für jedes Übungswort eine Karteikarte an. Schreibe auf die Vorderseite das Wort. Besondere Schwierigkeiten im Wort kannst du farbig umkreisen.
Auf die Rückseite der Karte kannst du verwandte Wörter schreiben.
Es ist wichtig, dass du das Wort Buchstabe für Buchstabe kontrollierst, damit sich kein Fehler einschleicht.
Stecke nun deine Karte in das erste Fach.

2 Wie übst du mit der Wortschatzkartei?

1. Nimm eine Karte aus dem ersten Fach und lies das Wort sehr genau. Schau dir die Stelle im Wort an, auf die du besonders achten willst.
2. Drehe die Karte um. Schreibe das Wort aus dem Kopf auf und sprich dabei leise mit.
3. Kontrolliere mit der Karte, ob du das Wort richtig geschrieben hast. Hast du es richtig geschrieben, kommt die Karte in das zweite Fach. Ist das Wort falsch, wird es verbessert. Die Karte bleibt dann im ersten Fach.
4. In den nächsten Fächern übst du das Wort als Schleichdiktat, Dosendiktat oder Partnerdiktat. Immer wenn du ein Wort richtig geschrieben hast, wandert die Karte in das nächste Fach. Ist es falsch geschrieben, bleibt es im Fach und wird noch einmal geübt.

1 Welcher Buchstabe kommt im Abc dazwischen?

k __ m b __ d q __ s h __ k v __ x

2 Ordne die Begriffe nach dem Abc.

a) Nummeriere richtig.

◯ Maus ◯ Schlange ◯ Ameise ◯ Bär ◯ Wolf

b) Schreibe die Namen nach dem Abc geordnet auf.

Eva Emilia Erik Ella Enno

1. ____________ 2. ____________

3. ____________ 4. ____________

5. ____________

3 Wie heißt in deinem Wörterbuch das erste Wort mit **Sch**?

____

4 Suche in deinem Wörterbuch die Wörter zu den Bildern.
Notiere die Seitenzahl.

 ____________________ Seite: ____

 ____________________ Seite: ____

 ____________________ Seite: ____

 ____________________ Seite: ____

Lexis Wortschatztest

5 Welches verwandte Wort musst du im Wörterbuch suchen? Schreibe es auf und schlage es nach.

Wenn ich dieses Wort im Wörterbuch nicht finde, ...	**..., schaue ich unter dem verwandten Wort nach.**	**Seite**
gefunden		
Mäuse, die		
stärker		
hilft		
am schnellsten		
Körbe, die		

6 Zerlege die Wörter in ihre Bausteine. Schlage die einzelnen Bausteine nach und trage die Seitenzahlen ein.

Sommer	ferien
S.	S.

gras	grün
S.	S.

Spiel	würfel
S.	S.

7 Was bedeuten diese Wörter? Lies die beiden Erklärungen durch und kreuze die richtige an.

korrigieren
- ○ über andere bestimmen; befehlen
- ○ verbessern; auf Fehler durchschauen

Müller
- ○ Handwerker, der in einer Mühle aus Getreide Mehl herstellt
- ○ jemand, der Müll macht

weise
- ○ hell; bleich
- ○ sehr lebenserfahren; große Weisheit besitzend

8 Hier haben sich insgesamt fünf Fehler eingeschlichen. Schlage die durchgestrichenen Wörter im Wörterbuch nach und schreibe sie mit der Seitenzahl richtig darüber.

In unserer Klasse ~~treumt~~ jeder von einem anderen ~~beruf~~. Petra will Ärztin werden und Finn möchte zur ~~Poliezei~~. Luis Wunsch ist es, ~~Asdronaut~~ zu werden, während Ines als Sängerin Geld ~~ferdienen~~ möchte.

A a	B b	C c	D d
E e	F f	G g	H h
I i	J j	K k	L l
M m	N n	O o	P p
Q q	R r	S s	T t
U u	V v	W w	X x
Y y	Z z		

Abc-
Domino
A
B
C
D
E
F
G
H
I
J
K
L
M
N
O
P
Q
R
S
T
U
V
W
X
Y
Z
Ende

Ausschneidebogen | Seite 19 und 43

Löwe	Affe	Bär
Giraffe	Ente	Schwan
Hase	Maus	Robbe

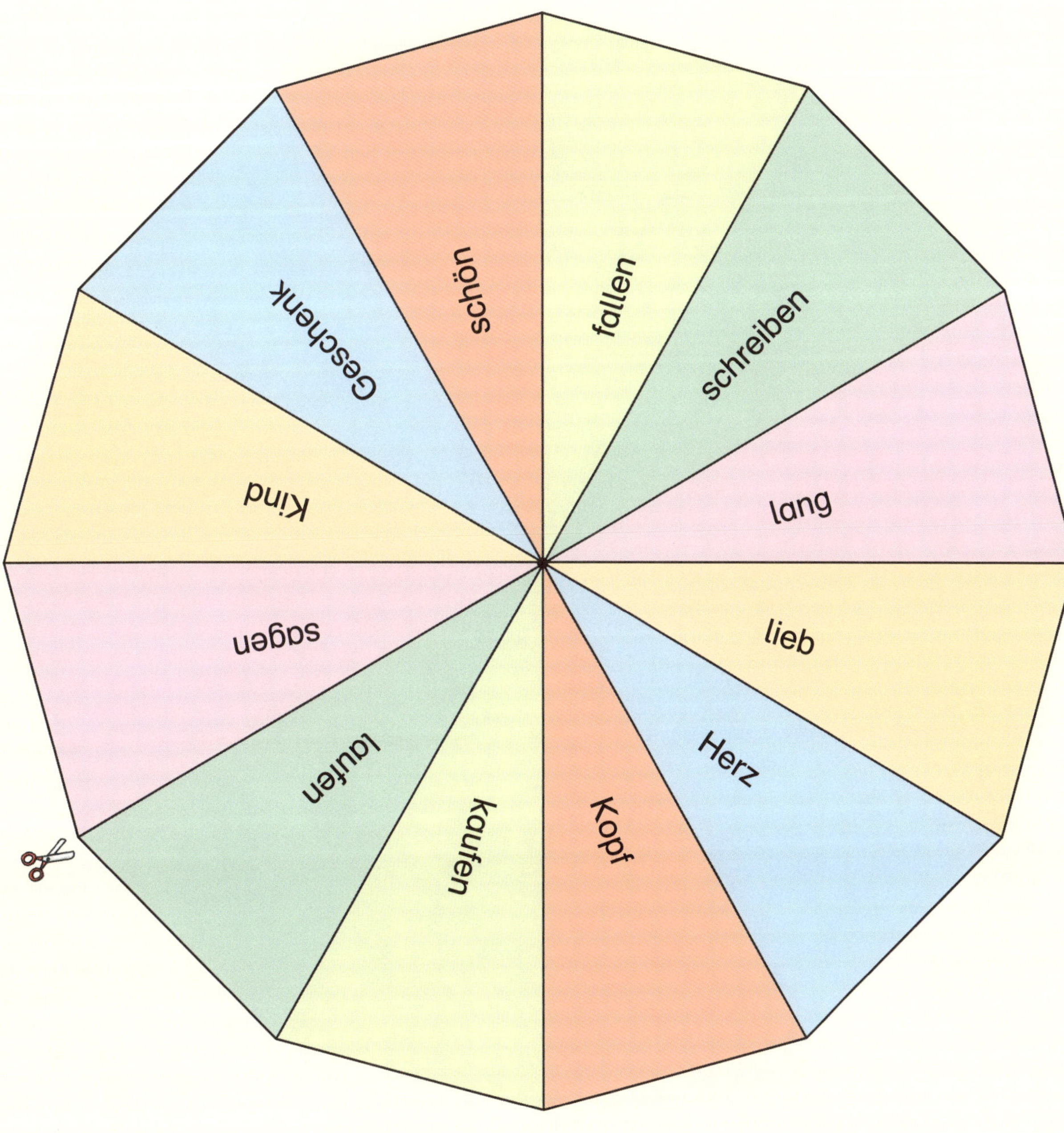

Das Abc-Schatzwegspiel

Nenne den Vorgänger und den Nachfolger des Buchstabens, auf dem dein Spielstein steht.	Nenne drei Wörter, die mit dem Buchstaben beginnen, auf dem dein Spielstein steht.
Nenne zwei Jungennamen, die mit dem Buchstaben beginnen, auf dem dein Spielstein steht.	Nenne zwei Mädchennamen, die mit dem Buchstaben beginnen, auf dem dein Spielstein steht.
Nenne den Namen einer Stadt oder eines Landes, der mit dem Buchstaben beginnt, auf dem dein Spielstein steht.	Bilde einen kurzen Satz, bei dem jedes Wort mit dem Buchstaben beginnt, auf dem dein Spielstein steht.
Nenne ein Tier, das mit dem Buchstaben beginnt, auf dem dein Spielstein steht.	Nenne ein Kleidungsstück, das mit dem Buchstaben beginnt, auf dem dein Spielstein steht.
Nenne einen Begriff zum Thema *Schule*. Das Wort muss mit dem Buchstaben beginnen, auf dem dein Spielstein steht.	Nenne einen Begriff zum Thema *Garten und Natur*. Das Wort muss mit dem Buchstaben beginnen, auf dem dein Spielstein steht.
Nenne einen Begriff zum Thema *Fahrzeuge und Verkehr*. Das Wort muss mit dem Buchstaben beginnen, auf dem dein Spielstein steht.	Nenne einen Beruf, der mit dem Buchstaben beginnt, auf dem dein Spielstein steht.
Nenne einen Begriff zum Thema *Essen und Trinken*. Das Wort muss mit dem Buchstaben beginnen, auf dem dein Spielstein steht.	Nenne einen Begriff zum Thema *Körper*. Das Wort muss mit dem Buchstaben beginnen, auf dem dein Spielstein steht.
Nenne einen Begriff zum Thema *Haus und Garten*. Das Wort muss mit dem Buchstaben beginnen, auf dem dein Spielstein steht.	Nenne einen Begriff zum Thema *Familie*. Das Wort muss mit dem Buchstaben beginnen, auf dem dein Spielstein steht.

Note		
Schloss		
Blatt		
Strauß		
Bank		
Hahn		
Nagel		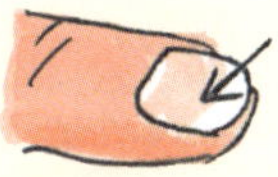
Mühle		
Pony		
Flügel		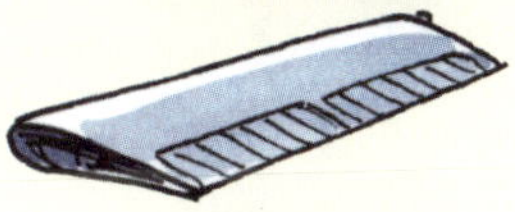
Fliege	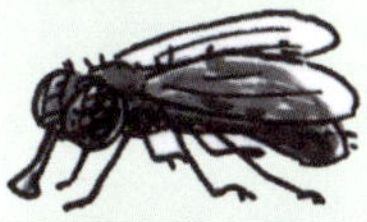	
Löwenzahn		

Urkunde

hat
Lexis Wortschatztraining
erfolgreich bearbeitet.